ALICE LE GUIFF...
LAURENCE PA...

Caderno de exercícios para se desvencilhar de tudo o que é inútil

Ilustrações de Jean Augagneur

Tradução de Stephania Matousek

EDITORA VOZES

Petrópolis

© Éditions Jouvence S.A., 2009
Chemin du Guillon 20
Case 143
CH-1233 — Bernex
http://www.editions-jouvence.com
info@editions-jouvence.com

Tradução realizada a partir do original em francês intitulado *Petit cahier d'exercices pour se désencombrer de l'inutile*

Direitos de publicação em língua portuguesa — Brasil:
2015, Editora Vozes Ltda.
Rua Frei Luís, 100
25689-900 Petrópolis, RJ
www.vozes.com.br
Brasil

Todos os direitos reservados. Nenhuma parte desta obra poderá ser reproduzida ou transmitida por qualquer forma e/ou quaisquer meios (eletrônico ou mecânico, incluindo fotocópia e gravação) ou arquivada em qualquer sistema ou banco de dados sem permissão escrita da editora.

CONSELHO EDITORIAL

Diretor
Gilberto Gonçalves Garcia

Editores
Aline dos Santos Carneiro
Edrian Josué Pasini
Marilac Loraine Oleniki
Welder Lancieri Marchini

Conselheiros
Francisco Morás
Ludovico Garmus
Teobaldo Heidemann
Volney J. Berkenbrock

Secretário executivo
Leonardo A.R.T. dos Santos

Editoração: Gleisse Dias dos Reis Chies
Projeto gráfico: Éditions Jouvence
Arte-finalização: Sheilandre Desenv. Gráfico
Capa/ilustrações: Jean Augagneur
Arte-finalização: Editora Vozes

ISBN 978-85-326-4963-8 (Brasil)
ISBN 978-2-88353-786-6 (Suíça)

Este livro foi composto e impresso pela Editora Vozes Ltda.

Dados Internacionais de Catalogação na Publicação (CIP)
(Câmara Brasileira do Livro, SP, Brasil)

Le Guiffant, Alice
Caderno de exercícios para se desvencilhar de tudo o que é inútil / Alice Le Guiffant e Laurence Paré ; ilustrações de Jean Augagneur ; tradução de Stephania Matousek. — Petrópolis, RJ : Vozes, 2015. — (Coleção Cadernos: Praticando o Bem-estar)
Título original : Petit cahier d'exercices pour se désencombrer de l'inutile

4ª reimpressão, 2022.

ISBN 978-85-326-4963-8
1. Economia doméstica 2. Conselhos práticos, fórmulas, truques etc. I. Paré, Laurence. II. Augagneur, Jean. III. Título. IV. Série.

14-13439   CDD-640.41

Índices para catálogo sistemático:
1. Sugestões de ajuda : Economia doméstica
   640.41
2. Conselhos práticos : Economia doméstica
   640.41

Você muitas vezes tem a sensação de estar invadid(a) de objetos?

Você às vezes acha que realmente tem coisas demais?

Você vive se perguntando se tudo o que você possui não toma tempo demais, dinheiro demais, lugar demais?

Mas você não sabe como remediar a situação?

Fique tranquil(a)!

Este caderno tem como objetivo ajudar você a se desvencilhar e refletir sobre o consumo, através de exercícios práticos e concretos.

No final da sua caminhada, você finalmente se sentirá mais leve!

Este caderno deve permanecer estritamente pessoal: você talvez não ouse ser completamente honesto(a) se temer que ele caia nas mãos de alguém com más intenções!

Desvencilhar-se – o que isso quer dizer?

> "Soltar (o que está atado com vencilho, liame ou laço). Por extensão: aclarar; resolver; desprender; separar"[1].

Soltar o que está atado com laço? Você não tem a menor ideia do que estamos falando, pois, afinal, você não está preso(a)!

No entanto, muitos objetos, muitos serviços e excessivas dependências entulham o nosso cotidiano. Nós nem o percebemos mais, pois nunca paramos de verdade para examinar a questão, mas aquele monte de pedras que todo dia vem entulhar um pouco mais a nossa vida é bem grande! E, exatamente como em uma rua engarrafada, aquela pilha de objetos e serviços vem bloquear aspectos muito importantes da nossa vida, não deixando mais valores essenciais para nós circularem livre e facilmente.

---

1 Dicionário Priberam da Língua Portuguesa.

<u>Escreva em cada uma das pedras abaixo o que impede você de liberar aspectos importantes da sua vida.</u>

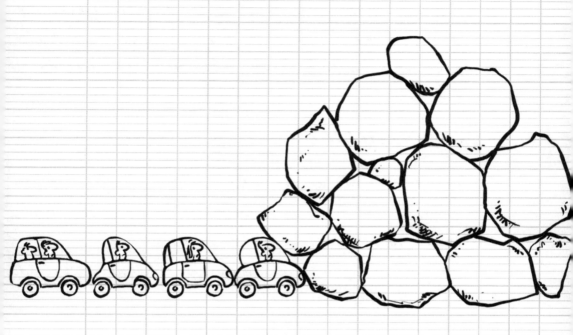

Desvencilhar-se é uma iniciativa voluntária e pensada, que conduz a se desapegar de suas convicções e medos, bem como recusar tudo o que é supérfluo, privilegiando o que é essencial para você. É um processo de desenvolvimento pessoal que ajudará você a simplificar a sua vida e, sobretudo, avaliar suas verdadeiras necessidades para, enfim, realizar-se plenamente.

Quando se trata de se desvencilhar das coisas, portanto, não existe método certo ou errado, nem objetivos a atingir, a não ser aqueles que você estabelecer para si mesm(a) com o tempo. Também não é para guardar ou jogar fora objetos, pois você é (a) únic(a) que pode avaliar a utilidade do que você possui.

Vamos começar!

Quando pensamos em **nos desvencilhar**, frequentemente pensamos em nos livrar de coisas materiais – pois bem, muitas esferas da nossa vida podem ser liberadas!

Marque todas as coisas que lhe pareçam entulhadas na sua vida. Complete a lista caso necessário:

- ❏ Sua agenda.
- ❏ Seus armários, sua casa, suas dependências.
- ❏ Seu catálogo de endereços.
- ❏ Seu e-mail.
- ❏ Seu tempo livre.
- ❏ Seu escritório ou local profissional.
- ❏ Sua lista de aplicações e seguros.
- ❏ Suas lembranças.
- ❏ Seus relacionamentos familiares.
- ❏ Suas relações sociais.

- Sua vida conjugal.
- Seu cérebro.
- Sua caixa postal.
- Sua carteirinha de cartões de fidelidade.
- Seu cinzeiro.
- Sua geladeira ou seu estômago.
- Sua vida profissional.
- Seu lixo.
- ...
- ...

É por aí que você terá de começar!
Mas atenção! Acima de tudo, não vá pensar que, ao se desvencilhar, você vai viver apenas com alguns talheres e um par de sandálias! Não, você não será obrigado(a) a se livrar daquele quadro que a sua irmã lhe deu sob pretexto de que ele não satisfaz suas necessidades fisiológicas mais básicas. Sim, você vai poder guardar aquele livro que você nunca vai ler ou suas três câmeras fotográficas, se eles forem importantes para você. O objetivo deste caderno não é listar o que você deve ou não guardar, mas sim ajudá-lo(a) a fazer isso **com plena consciência e total responsabilidade!**

Desvencilhar-se – para quê?

Para saber o que você possui!

Você seria capaz de fazer uma lista de tudo o que você possui? Claro que não! Quando estamos entulhados, às vezes nem sabemos mais o que possuímos e acabamos comprando coisas repetidas!

Tente listar tudo o que você possui em uma folha em branco.

Para encontrar suas coisas!

Quando você tiver se desvencilhado o bastante, você verá como será fácil colocar cada objeto em seu lugar. Você poderá então arrumar e organizar sua casa de forma otimizada, de modo que não perderá mais tempo procurando suas coisas! Quanto estresse poupado!

Liste abaixo os objetos que você costuma procurar com mais frequência:

-
-
-
-

Para ganhar tempo e energia!

Desvencilhar-se fará com que você economize tempo, simplificando a manutenção da sua casa, bem como a frequência e a duração das tarefas domésticas. Pense em todos aqueles bibelôs que você não terá mais de espanar, todas aquelas revistas que você não terá mais de arrumar, todos aqueles pequenos móveis e outros objetos dispostos no chão que você não terá mais de arrastar várias vezes por semana para passar aspirador e pano de chão! Quanto tempo e energia ganhos!

<u>Encontre sua declaração de imposto de renda, suas chaves e sua meia de bolinhas nesse quarto!</u>

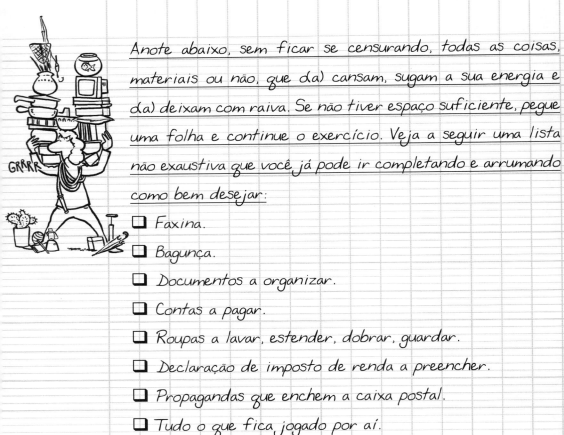

Anote abaixo, sem ficar se censurando, todas as coisas, materiais ou não, que (a) cansam, sugam a sua energia e (a) deixam com raiva. Se não tiver espaço suficiente, pegue uma folha e continue o exercício. Veja a seguir uma lista não exaustiva que você já pode ir completando e arrumando como bem desejar:

- ☐ Faxina.
- ☐ Bagunça.
- ☐ Documentos a organizar.
- ☐ Contas a pagar.
- ☐ Roupas a lavar, estender, dobrar, guardar.
- ☐ Declaração de imposto de renda a preencher.
- ☐ Propagandas que enchem a caixa postal.
- ☐ Tudo o que fica jogado por aí.
- ☐ Contas no vermelho.
- ☐ Objetos usados demais ou quebrados.
- ☐ Armários lotados de roupa.
- ☐ Roupas pequenas demais das crianças.
- ☐ Discos emprestados que você não pode mais devolver porque não sabe mais a quem pertencem.
- ☐ Cansaço, falta de energia.
- ☐ Procrastinação.
- ☐ Falta de tempo.

Selecione na sua lista que problemas você vai tomar medidas para resolver. Escreva em cada degrau da escada o que você vai atacar esta semana, este mês ou este ano.

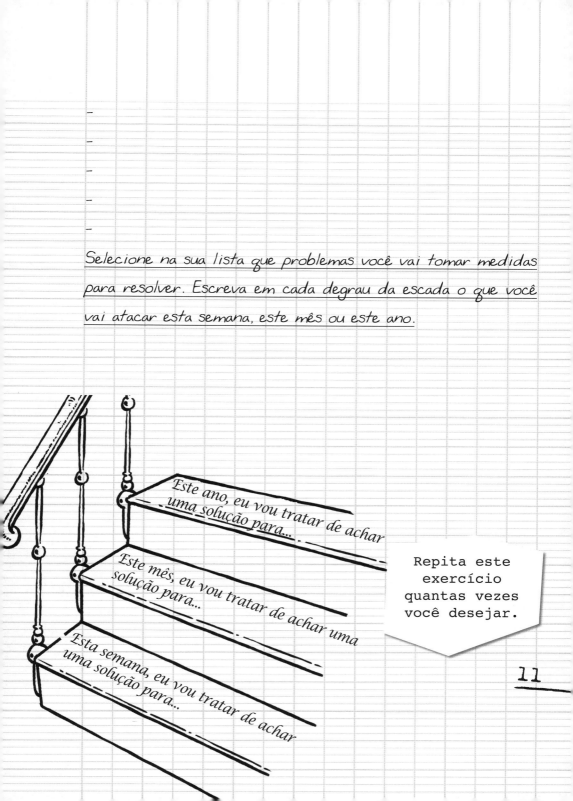

Este ano, eu vou tratar de achar uma solução para...

Este mês, eu vou tratar de achar uma solução para...

Esta semana, eu vou tratar de achar uma solução para...

Repita este exercício quantas vezes você desejar.

11

Para se mudar!

Algumas pessoas, após se desvencilharem, percebem que não precisam mais de tanto espaço para morar e decidem então se mudar para um lugar menor ou entregar a garagem ou ateliê que alugavam para armazenar a bagunça delas. Imagine as economias consideráveis que uma casa ou apartamento menor representaria em termos de aluguel, pagamento de empréstimo imobiliário ou seguros, sem que você perdesse sua qualidade de vida, já que, vivendo com menos objetos, você ainda teria o mesmo espaço. Se você não tiver a intenção de se mudar para um domicílio menos espaçoso, pense em como o sótão, a garagem dupla ou o grande ateliê do jardim, liberados daquela zona, poderiam virar uma quitinete a alugar para estudantes!

Anote a seguir todos os custos inerentes à sua moradia e procure na internet, em **sites** de agências imobiliárias ou nos classificados, quanto custaria uma moradia menor:

	Sua moradia atual	Uma moradia menor
Aluguel ou mensalidade de empréstimo		
IPTU e/ou condomínio		
Seguros residenciais multirriscos		
Energias		
Total		

Quanto você economizaria?...

O que você poderia fazer todo mês com todo esse dinheiro?

-
-
-
-
-

13

Para ganhar dinheiro!

Seus objetos talvez valham mais do que você imagina. Hoje em dia é muito fácil vender na internet ou organizar vendas de garagem. Todos os objetos dos quais você vai se livrar certamente interessarão alguém.

Mas, além disso, você verá que, quando nos desvencilhamos, também paramos de comprar besteiras para satisfazer de forma efêmera e inadequada o que acreditamos serem necessidades, mas que, muitas vezes, são apenas desejos. Ao analisar seus comportamentos de compra, você sairá ganhando ao gastar muito menos do que antes.

Que objetos não lhe são mais úteis e você poderia vender? Coloque ao lado um preço aproximativo.

- —   Preço: ...
- —   Preço: ...
- —   Preço: ...
- —   Preço: ...
- —   Preço: ...
- —   Preço: ...
- —   Preço: ...

<u>O que você estava adiando, mas poderia fazer agora com esse dinheiro?</u>

-
-
-
-
-
-
-
-

Para cuidar de si mesmo e dos outros!

O fato de se desvencilhar pode permitir que você dedique mais tempo, energia e atenção aos membros mais chegados da sua família ou outros parentes. Quanto menos "brinquedos" tivermos para nos divertir, mais nos parecerá natural procurar uns aos outros. Assim, desvencilhar-se contribui diretamente para fortalecer os laços que unem as famílias e comunidades. Você finalmente poderá dedicar tempo aos seus entes queridos.

Dentre as atividades a seguir, escolha uma que tome muito do seu tempo e tente evitá-la durante uma semana.
- Televisão.
- Computador.
- Telefone celular.
- **Videogame.**
- Coleções.
- Outros: ...

Quantas horas em média você liberou por dia?
Anote abaixo suas impressões:
-
-
-
-
-
-
-

Para salvar o planeta!

Não vamos esquecer que o nosso planeta está em perigo. Ele está saturado com eternas fabricações materiais. Desvencilhando-se, você participa do processo de reciclagem de objetos. Utilizando o mercado de segunda mão, você evita que mais objetos sejam fabricados. Mudando seus comportamentos de compra, você reduz consideravelmente seu impacto ecológico.

Faça uma lista de todos os objetos que você estaria disposto(a) a comprar de segunda mão:
-
-
-
-
-
-
-
-
-
-

17

Agora é sua vez!

Encontre você mesmo boas razões para se desvencilhar dos objetos, serviços ou dependências que você citou até aqui:

-
-
-
-
-
-
-
-

Existem três formas de se ver atolado(a) de objetos: pegar e conservar tudo, comprar muito ou ambos. Se você pertencer à família dos acumuladores, faça o teste da página seguinte. Se você for mais do tipo consumidor(a), o teste da p. 44 ("Que tipo de consumidor(a) você é?") foi feito para você. Senão, faça ambos!

Que tipo de acumulador(a) você é?

Certas pessoas se entulham com tudo o que elas vêm acumulando desde a infância. Talvez você às vezes se pergunte de onde vem essa mania de guardar tudo, inclusive clipes tortos ou pedacinhos de barbante!

Para tentar descobrir, nós lhe sugerimos o seguinte teste:

1. O que serviria para finalmente dar um jeito nas suas quinquilharias:
   a) Uma vitrine para arrumar todas as suas lembranças materiais.
   b) Um grande ateliê no qual você poderia amontoar tudo o que ainda pode servir: potes vazios, folhas de rascunho, tecidos, ferramentas...
   c) Um *software* de organização da casa com o qual você poderia, com um clique, saber onde você guardou sua camisa preta.
   d) Uma equipe de profissionais da arrumação que faria tudo no seu lugar.

2. Sua principal fraqueza:
   a) A angústia.
   b) A procrastinação.
   c) O sentimentalismo.
   d) O desejo de perfeição.

3. Você está acompanhando um amigo que está levando todas as coisas sobressalentes dele a obras de caridade ou ao lixão. Você não entende como ele pode se desfazer de:
   a) Seus cadernos de escola e dos desenhos e artes de seus filhos.
   b) Tudo: Como ele encontra tempo para fazer essa limpeza geral em suas coisas entre seu trabalho e sua família?
   c) Tábuas de madeira, rolos de fios elétricos, tintas, barbante.
   d) Caixas de arrumação.

4. Em uma livraria, você compra um livro sobre a arte de:
   a) Organizar sua vida, sua casa, seu dinheiro, seu trabalho e seus lazeres.
   b) Dar um "tchan" nas suas fotos de família.
   c) Desapegar-se.
   d) Parar de correr contra o tempo.

5. Que objeto é o seu sonho de consumo?
   a) Um cofre-forte.
   b) Um *closet high-tech*.
   c) Uma varinha mágica.
   d) Uma filmadora.

6. O que impede você de seguir em frente?
   a) Falta de tempo e energia.
   b) O passado.
   c) Uma preocupação excessiva com os mínimos detalhes.
   d) Medo do futuro.

7. Você guarda:
   a) Porque sabe que um dia vai organizar tudo.
   b) Porque ainda pode servir.
   c) Para ficar de lembrança.
   d) Por preguiça.

Resultados:

	a	b	c	d
1	●	▲	■	◆
2	▲	◆	●	■
3	●	◆	▲	■
4	■	●	▲	◆
5	▲	■	◆	●
6	◆	●	■	▲
7	■	▲	●	◆

Agora, calcule o total:

▲: ...

■: ...

●: ...

◆: ...

Máximo de ●

Você é sentimental. Desde a coleção de taças de campeonatos de futebol até as roupas de bebê da sua caçula que já tem 18 anos, passando por velhas entradas de cinema, cada objeto seduz você, traz alguma lembrança ou serve para provar que você existiu...

Como se conformar em jogar fora tais tesouros, que representam a sua vida ou uma parte de você mesmo?

Nossa opinião:

Todos esses objetos não são tesouros, mas sim fardos que o(a) prendem ao passado e o(a) impedem de seguir em frente. De qualquer forma, tendo em vista a bagunça reinante, você não tem chance de encontrar tão facilmente suas caras lembranças. Além disso, se você esvaziar uma parte delas, o resto apenas ficará mais valorizado.

Inspire-se com a frase a seguir, copiando-a abaixo e meditando sobre ela:

"Eu confio na minha mente para me lembrar das coisas. Vou me liberar do passado e passar a viver no presente".

Máximo de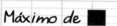

Você é perfeccionista. Você só vai arrumar quando seu sistema de classificação estiver completamente aperfeiçoado, quando você tiver comprado belos fichários coloridos com um sistema de fichas informatizado... Enquanto isso, em vez de arrumar mal, você prefere não arrumar nada.

Nossa opinião:

Seja modesto(a), sem abandonar seus sonhos de grandeza. Compre um fichário bem bonito e comece. Ou então abra uma gaveta... e arrume-a "perfeitamente", mas sem virar a sua casa de cabeça para baixo querendo arrumar tudo de uma vez só.

Inspire-se com a frase a seguir, copiando-a abaixo e meditando sobre ela:

"A vida está em perpétuo movimento. Eu posso ter prazer na imperfeição, mas não na inação".

Máximo de ▲

Você tem medo de que lhe falte algo. É claro que, assim que você tiver jogado fora aquele pedaço de barbante de 53cm, você vai descobrir para que ele poderia ter servido: é sempre assim! Guardamos o que não serve e, no dia em que jogamos fora, precisamos daquilo. E daí?

Nossa opinião:

Tenha confiança. Se amanhã você precisar de 53cm de barbante, com certeza poderá encontrar em outro lugar, não é? E mesmo comprar. Enquanto isso, livrar-se de detalhes que entulham a sua vida certamente lhe trará ar fresco. Assim como daquelas caixinhas cujas tampas você espera encontrar um dia. Mesmo que isso aconteça, nesse meio tempo você provavelmente terá perdido as caixinhas.

23

Inspire-se com a frase a seguir, copiando-a abaixo e meditando sobre ela:

"Eu tenho segurança. Posso facilmente encontrar o que estiver faltando".

Máximo de ◆

Você não tem nem tempo e nem coragem de se desvencilhar. Entre o seu trabalho, sua família e a arrumação da sua casa, você realmente não sabe quando poderia dedicar tempo ao processo de se desvencilhar. É claro que você entende a importância disso e sente que seria necessário fazer uma limpa nas suas coisas, mas você prefere (e isso é legítimo) utilizar o pouco tempo livre que lhe resta com atividades que você considera mais divertidas! Você vai se desvencilhar quando tiver tempo, ou seja, nunca, já que as tarefas domésticas se repetem sem trégua. Além disso, você talvez tenha a sensação de que a massa de trabalho é grande demais e não saiba por onde começar. Resultado: você nunca começa.

Nossa opinião:

É claro que se desvencilhar demanda tempo, mas você pode dedicar apenas alguns minutos de cada vez. Se desejar arrumar durante uma hora ou mais, escolha um momento em que você esteja cheio(a) de energia, um dia de sol, por exemplo, e delimite o seu campo de ação. Se você desbravar vários espaços de uma vez, logo se sentirá desanimado(a) e desesperado(a). Contente-se, em vez disso, com um único móvel ou apenas o canto de um cômodo, mas realize a tarefa por completo. Você verá que, pouco a pouco, você desentulhará a sua casa inteira, no seu ritmo.

Inspire-se com a frase a seguir, copiando-a abaixo e meditando sobre ela:

"Desvencilhar-me é fácil e me enche de energia".

Quais são suas desculpas para guardar tudo?

Pensando bem, você encontra um monte de razões para não mudar nada!

- **Você se consola.** Todas as suas coisas formam um pequeno casulo, você fica rodeada(a) de objetos variados e, portanto, menos sozinha(a)... Uma casa lotada até explodir pode dar a impressão de estar "cheia de vida"... Mas também pode asfixiá-la(a) e bloquear a expressão da sua criatividade.

- **Você mantém pessoas inconvenientes a distância.** Você não convida ninguém para ir à sua casa, exceto seus amigos mais íntimos, porque tem vergonha da sua bagunça. Involuntariamente, você seleciona as suas amizades. Aprender a dizer "não" a pessoas indesejáveis talvez fosse melhor e permitisse que você mantivesse, mesmo assim, uma casa em ordem.

- **Você tem o sentimento de ter uma vida repleta.** O que você faria com todo aquele tempo livre se não passasse horas procurando suas coisas, se não passasse seus finais de semana tentando recuperar o atraso na arrumação da casa? Você seria obrigado(a) a passar tempo com seus filhos ou com seu marido/sua mulher ou, pior ainda, consigo mesmo(a) – e quem sabe então o que poderia acontecer!

- [ ] **Você tem uma justificativa para a sua procrastinação e inação**. A bagunça serve de desculpa para o seu eterno cansaço ou falta de disponibilidade. Você não tem então mais capacidade de se dedicar a questões essenciais, nem dar rédea solta à sua criatividade, o que você proíbe a si mesmo(a) há muito tempo...

- [ ] **Você alimenta assim as brigas com seu marido/sua mulher...** mantendo uma rotina reconfortante que lhe permite evitar levantar questões importantes sobre o andamento da sua vida conjugal. Meias jogadas, ao avesso ainda por cima, e uma em cada canto do quarto para irritar de jeito – é garantia de uma noite divertidíssima! Durante esse tempo, você não aborda os assuntos que o(a) afetam mais profundamente.

- [ ] **Você respeita o esquema familiar**, alimentando os comentários que seus pais sempre fizeram a seu respeito. Isso impede você de ser adulto(a) e lhe impõe o papel do(a) "bagunceiro(a) inato(a)" desde sempre.

❏ **Você isola a sua casa!** Um assoalho recoberto de papéis ou roupas equivale a um bom isolamento de poliestireno e é muito mais ecológico! O mesmo vale para as paredes: armários cheios e estantes lotadas isolam do barulho, bem como do frio!

<u>Reconhecer as razões pelas quais você acumula (a) ajudará a acabar com esses maus hábitos. Quais são as suas?</u>

-
-
-
-
-
-
-
-
-
-

Sua casa ideal

O que a sua casa diz de você... e o que você diz da sua casa.

Vamos avaliar o que a sua casa diz do seu estado psíquico. Muitas vezes esquecemos que ela é um reflexo de nós mesmos. Aliás, não empregamos o termo "interior" para falar de uma casa?

Tente qualificar a sua casa. Observe-a e olhe-a como se você estivesse entrando nela pela primeira vez. O que você acha dela?

- ☐ Bagunçada?
- ☐ Suja?
- ☐ Carente de cuidados e amor?
- ☐ Sufocante?
- ☐ Esgotante?
- ☐ Reconfortante?
- ☐ Pequena demais?
- ☐ Grande demais?
- ☐ ...
- ☐ ...

Recorte em revistas fotos de interiores que lhe agradem. Depois, faça uma colagem abaixo com as imagens que você achar.

Minha colagem

30

Agora, pergunte-se: O que essas imagens dizem da sua casa ideal? Descreva-a com alguns adjetivos.

-

-

-

-

-

Será que essa é realmente a sua casa ideal ou a casa ideal das revistas? O que você já poderia começar a fazer agora para se aproximar desse sonho? Anote nas pegadas abaixo que ações você pode colocar em prática.

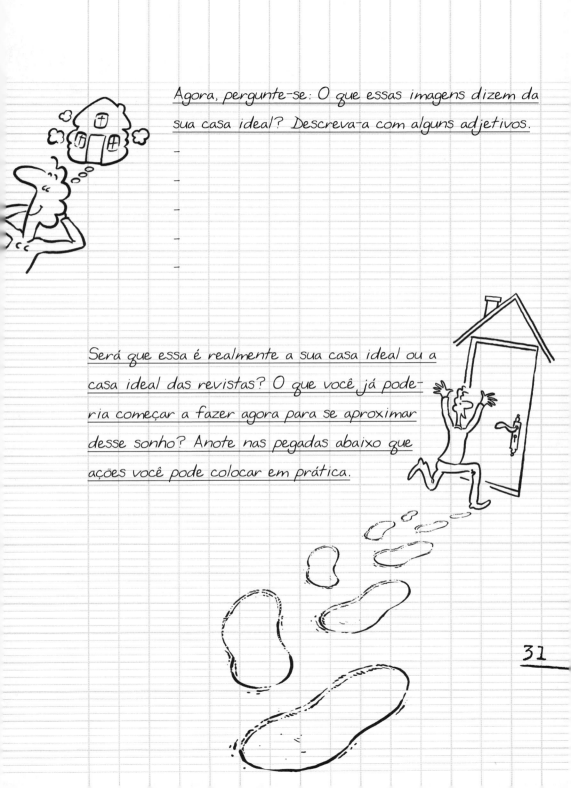

Quanto é o suficiente?

Querer se desvencilhar é uma coisa, saber o que guardar é outra. Antes de se precipitar para o seu bufê, pergunte-se que quantidade de louça lhe é realmente útil no cotidiano. Muitas vezes, guardamos por hábito, sem refletirmos sobre o nosso estilo de vida.

Calcular o que é suficiente para viver bem pode evitar que você fique comprando de novo objetos dos quais você já possui múltiplos exemplares nunca utilizados.

Você também é mais eficiente quando possui apenas aquilo de que precisa. Se só guardarmos o número exato de toalhas de banho necessárias para a nossa família, elas serão lavadas e guardadas com mais frequência.

Em cada uma das divisões do quadro, escreva o número de exemplares de que você precisa, sem ir verificar quantos tem nos seus armários:

Roupas	Louça	Roupa de cama, mesa e banho	Produtos de beleza
Saias	Talheres	Toalhas de banho	Cremes para o corpo
Vestidos	Pratos rasos	Esponjas	Cremes para o rosto
Calças	Pratos fundos	Lenços	Xampus
Blusas de lã	Pratinhos de sobremesa	Lençóis	Condicionadores
Camisetas	Copos	Colchas	Sabonetes
Camisas	Taças	Capas de edredom	Desodorantes
Calcinhas	Jarras	Edredons/cobertores	Escovas de dente
Sutiãs	Xícaras	Travesseiros	Pastas de dente
Meias/meias-calças	Tigelas	Almofadas	Perfumes
Gravatas	Panelas	Fronhas	Batons
Biquínis/sungas	Frigideiras	Capas de almofada	Esmaltes
Pijamas/camisolas		Toalhas de mesa	
Casacos		Guardanapos	
Cachecóis/lenços			
Sapatos			

33

Pronto? Então, vá comparar com o que realmente está contido nos seus guarda-roupas, armários de sapatos, diferentes gavetas... É sempre esclarecedor!

Mês a mês, um calendário para se desvencilhar das coisas

Não existe calendário ideal para se desvencilhar, já que cada indivíduo só pode agir em função de suas prioridades e necessidades. Porém, se alguns realmente não souberem por onde começar, é possível pensar em um programa mês a mês, seguindo o ritmo das estações e a curva da nossa energia.

Janeiro

Não perca tempo! Faça imediatamente uma seleção dos presentes fresquinhos que você ganhou no Natal, mas que não lhe agradaram.
Se você tiver gostado das novidades, aproveite para conferir se elas podem ou não substituir outros objetos mais velhos. Isso vale especialmente para os brinquedos das crianças.

Mais um ano passou — você pode, portanto, organizar concretamente a papelada e arquivar folhas de pagamento, contas e declarações de impostos.

E você? De que você se desvencilhou este mês?

—
—
—

Fevereiro

Finalmente o Carnaval!
Se você estiver planejando viajar, faça um balanço das suas malas, mochilas, cobertores, colchonetes, **nécessaires**, cangas, óculos de sol, biquínis e sungas, pés de pato, boias, baldinhos e pazinhas...
Será que você precisa de quatro exemplares de cada coisa?
E você? De que você se desvencilhou este mês?
-
-
-
-

Março

Recomeçaram as aulas!
Então, jogue fora ou recicle sem escrúpulos canetas que não escrevam mais, folhas de rascunho que estejam se amontoando, velhos cadernos dos quais só restem as espirais, fichários de alavanca inutilizáveis...
Dê uma olhada nos casacos e sapatos de inverno que (a) estão esperando no armário: Eles ainda lhe servem e estão em bom estado?

35

Lá no jardim, separe as ferramentas, em previsão da jardinagem de outono e livre-se do guarda-sol e da espreguiçadeira, que finalmente podem se aposentar depois de vários verões.
E você? De que você se desvencilhou este mês?
-
-
-

Abril

Fim do verão: fique à vontade para separar as roupas (incluindo calcinhas e cuecas) das crianças e só guardar o que lhes será útil no inverno, contanto que ainda caibam!
Aproveite para fazer uma limpa no seu próprio guarda-roupa e aceite se desfazer daquele shortinho que você definitivamente não poderá mais vestir, apesar de ter feito regime antes do verão.
E desvencilhe-se também do material de **camping**, que você, mais uma vez, não usou este ano.
E você? De que você se desvencilhou este mês?
-
-
-

Maio

As temperaturas ainda estão amenas, e você gosta de ficar descansando no jardim. Tire um tempo para vender as bicicletas das crianças que já estejam pequenas demais e mande ver nas dependências (garagem, sótão, ateliê...), onde você acumulou um monte de coisas durante o verão inteiro.
E você? De que você se desvencilhou este mês?
-
-
-
-

Junho

Junto com as festas juninas, vêm as primeiras gripes e resfriados do início do inverno: está na hora de fazer uma limpa na sua farmacinha.
Aproveite o ensejo, vá direto ao banheiro e desentulhe o armarinho de todos os produtos específicos de verão que você tiver acumulado, ainda mais que a maioria dos cosméticos perde a validade após um ano. Guarde o essencial para lhe fazer bem durante o inverno, enquanto os dias ensolarados não chegam.

E você? De que você se desvencilhou este mês?
-
-
-

Julho

No inverno, frequentemente ficamos ao redor do fogo cozinhando boas receitas e esperando que a temperatura volte a subir. Por que não separar o joio do trigo na cozinha, separando todos os utensílios que não nos servem mais?

Se você gosta de ficar enroladinho(a) no sofá assistindo a um bom filme com seu marido/sua mulher ou seus filhos, escutando um disco ou jogando jogos de tabuleiro, decida desvencilhar a "DVD-CD-teca" e o armário de jogos.

E você? De que você se desvencilhou este mês?
-
-
-

Agosto

Enquanto ainda não dá para tirar as roupas de frio e deixar seus filhos mais à vontade, faça uma limpa no guarda-roupa das crianças para separar o que já estiver pequeno demais para elas depois do inverno.

Já vá pegando suas sandálias, que em breve você poderá usar, e jogue para escanteio outros calçados do móvel de sapatos.

E você? De que você se desvencilhou este mês?

-
-
-

Setembro

Está chegando a primavera, e você está com vontade de fazer trabalhos manuais com suas mãozinhas hábeis! Tudo bem, mas seja honesto(a) consigo mesmo(a) e desfaça-se daquele bordado que você nunca terminou desde o nascimento do seu filho (oito anos já!). Liquide os pincéis que estejam

39

perdendo cerdas, tintas secas e velhos novelos de lã de cores chamativas.

E você? De que você se desvencilhou este mês?

—

—

—

—

Outubro

Vamos arregaçar as mangas – os dias ensolarados deixam você constantemente de bom humor! Abra as janelas e atire tudo o que fica pegando poeira e impedindo você de relaxar esparramad(a) na sua espreguiçadeira: cortinas, bibelôs, quadros e souvenirs que ficam estorvando, vasos sem flores e por que não as plantas? Ar fresco!

E você? De que você se desvencilhou este mês?

—

—

—

—

—

Novembro

Alguns feriados vão encurtar as semanas – é a época dos fins de semana prolongados em família ou românticos.
Está na hora de selecionar seus livros e guardar somente os que você ainda não tiver lido ou os que você terá prazer em reler. É claro que, fazendo essa seleção, você vai encontrar tesouros na sua biblioteca e não precisará mais passar na livraria antes da sua próxima viagem!
E você? De que você se desvencilhou este mês?
-
-
-

Dezembro

Em breve é Natal. Por que não fazer uma limpa nas diversas decorações e objetos fabricados pelas crianças ano passado e que estão visivelmente xexelentos?
Preparar-se para receber a família é uma oportunidade de avaliar a louça de festa e a roupa de cama, mesa e banho: lençóis, toalhas de banho, toalhas de mesa e guardanapos... Ensine

41

aos seus filhos a generosidade e a caridade, separando junto com eles brinquedos em bom estado que possam deixar crianças felizes através de associações caritativas.

E você? De que você se desvencilhou este mês?

—

—

—

> **Dica: dê a si mesmo(a) tempo para pensar**
>
> Você sempre encontrará coisas que não lhe servem absolutamente para nada, mas que você é incapaz de jogar fora ou dar. Coloque-as dentro de uma caixa, todas juntas, feche-a hermeticamente, ponha a data e guarde-a. Se, depois de um ano, nada lhe tiver feito falta, você pode jogar a caixa fora sem abri-la, para não sentir remorsos. De qualquer forma, como você não saberá mais o que tem dentro, não há nenhum risco de algo lhe fazer falta!

Entulho e consumo

Com certeza acontece de você se perguntar por que comprou tal objeto, fez tal seguro ou assinou tal revista! É importante se conscientizar da sua dependência de coisas materiais.

Já vimos que o acúmulo e o medo de que lhe falte algo podem levar você a entulhar coisas. Quando você também tiver entendido como o seu comportamento de consumidor(a) é um fator de entulho, você achará mais fácil se desapegar e dar mais um passo no caminho da simplicidade. Essa conscientização modificará igualmente seus comportamentos de compra e evitará que você repita eternamente os mesmos erros.

Identifique sua dependência de coisas materiais

Que tipo de consumidor(a) você é?

Para compreender o seu estilo em matéria de compras, sugerimos que você faça o pequeno teste a seguir, que lhe permitirá identificar a que categoria de consumidores(as) você pertence. **Responda sem pensar demais e, sobretudo, com a maior honestidade possível.** Não se preocupe, ninguém está lendo por cima dos seus ombros!

1. **Você gosta de fazer suas compras:**
   a) Nas lojas que você conhece.
   b) Em atacados, liquidações e lojas de fábrica.
   c) Em butiques de marca.

2. **Você cai na tentação de comprar um casaco, embora não tenha realmente necessidade dele:**
   a) Ainda bem que você ganhou um cupom de desconto pela sua fidelidade, não é como se você o tivesse comprado pelo preço normal!
   b) De qualquer forma, seus outros casacos estão um pouco fora de moda, e todo mundo já o(a) viu usando-os pelo menos duas vezes.
   c) Ele vai lhe servir no casamento da sua prima... daqui a três meses!

3. **Em época de liquidação, o que você costuma fazer?**
   a) Você esvazia as lojas da moda.
   b) Você compra um pouco mais do que de costume, já prevendo os presentes de Natal ou o nascimento do seu sobrinho-neto.
   c) Você não resiste, pois teve a sorte de ser convidado(a) para uma liquidação VIP.

4. No supermercado:
   a) Você faz antes sua lista de compras em função do catálogo de ofertas e anotando os produtos que lhe dão pontos no seu cartão de fidelidade.
   b) Você monitora as promoções "4 pelo preço de 2" e compra macarrão em lotes de seis pacotes.
   c) Você escolhe os produtos de marca, pois não tem tempo de comparar os preços e pelo menos assim você tem certeza de que são de qualidade.

5. Um vendedor lhe oferece uma agenda por apenas mais um real:
   a) Um brinde? Não, obrigado(a)!
   b) Você conhece bem o vendedor e não tem coragem de recusar.
   c) Será um ótimo presente de aniversário para uma amiguinha da sua filha!

6. Dinheiro foi feito para:
   a) Gastar.
   b) Render.
   c) Ser contado.

7. Você decidiu comprar um livro que você achou na semana passada. Chegando à livraria, você vê que ele está em promoção:
   a) Legal, você vai poder comprar outro romance do mesmo autor!
   b) Você compra o livro e resolve voltar na semana que vem para ver se não há outras promoções.
   c) De qualquer forma, você já achou outra novidade que é ainda mais interessante, embora seja mais cara.

Resultado

	a	b	c
1	■	▲	●
2	■	●	▲
3	●	▲	■
4	■	▲	●
5	●	■	▲
6	●	■	▲
7	▲	■	●

Agora, calcule o total:

▲: ...

■: ...

●: ...

Máximo de ▲

Você é um(a) falso(a) econômico(a).

Você não tem muito dinheiro e presta atenção em cada real gasto. O negócio é que, de tanto querer aproveitar as promoções para economizar nas despesas familiares, você acaba comprando mais do que deveria. As liquidações oferecem milhões de objetos baratinhos, que você compra sem culpa e que, pouco a pouco, vão invadindo a sua casa.

Nosso conselho:

Desconfie das promoções, que muitas vezes são bons negócios apenas para as lojas, que ganham dinheiro com elas! Saiba recusar artigos adicionais e pense se você compraria o mesmo objeto pelo preço normal. Se a resposta for não, pode apostar que, na verdade, você não está nem com vontade e nem com necessidade dele, mas, em vez disso, está agindo influenciado(a) pelo medo universal de que algo lhe falte e pelo sonho do "negócio do século" que os publicitários utilizam para manipulá-lo(a).

Máximo de ■

Você é fiel.

Você sempre faz suas compras no mesmo supermercado, sabe qual marca de roupa lhe cai bem e só veste essa. E é por isso que as lojas mimam você, oferecendo-lhe cartões de fidelidade e convites VIP para pré-estreias de liquidações. Mas é para te comer melhor, Chapeuzinho Vermelho!

Bem consumo, mal consumo...

Nosso conselho:

Há alguns anos, lojas e supermercados vendem artigos mais ou menos pelo mesmo preço, embora cada rede de supermercados tenha criado sua própria marca, que é a mais barata das gôndolas. Portanto, não é mais a nota fiscal que faz diferença para os clientes na hora de escolher um supermercado. Hoje, as redes travam uma guerra feroz em outra esfera: a fidelidade. É isso que dá dinheiro!

Então, faça uma limpa nos seus inúmeros cartões de fidelidade e, com calma, procure redescobrir pertinho da sua casa comércios que você não conhecia. Você talvez se surpreenda e, sobretudo, passe a se sentir mais livre.

Máximo de ●

Você se importa com a opinião dos outros.

Você gosta que os outros reparem em você, mas não quer que eles pensem que você vive na pobreza. Ou, ao contrário, a última coisa que você deseja é aparecer, então você segue a moda não por prazer, mas sim para evitar ser taxada(a) de ridícula(a) e ficar à margem da sociedade. Tanto em um caso quanto no outro, você costuma comprar sem refletir sobre suas próprias necessidades. Você certamente acredita que é possível julgar um livro pela capa e vive com a angústia de ser julgada(a) pela sua aparência, e não pela sua pessoa.

Nosso conselho:

Em nossa sociedade de consumo, o sucesso é visto como algo dependente do materialismo e do acúmulo de sinais de riqueza exteriores. O problema é que, no fim das contas, você nunca está "por dentro", já que os publicitários criam as necessidades antes de você senti-las — portanto, você não consegue antecipar nada. Aceite a ideia de que você nunca poderá ter uma casa, um carro ou um guarda-roupa perfeitos e que se adaptariam a todas as circunstâncias. Faça o luto do objeto ou serviço que finalmente satisfaria todos os seus desejos e necessidades, pois ele não existe. Em vez disso, reflita sobre suas verdadeiras motivações na vida. Você talvez se dê conta de que não coloca os critérios de sucesso e felicidade no mesmo nível que os capitalistas.

Agora que você já sabe qual é o seu perfil de consumidor(a), você seria capaz de citar **5** objetos ou serviços inúteis que você um dia comprou porque eles correspondiam ao seu perfil?

-
-
-
-
-

Descubra os verdadeiros motivos pelos quais você costuma comprar

Você com certeza já entendeu, agora que identificou o seu perfil de consumidor(a): consumir, afinal, não tem nada a ver com as nossas verdadeiras necessidades. É um ato social que nos permite construir uma identidade para nós mesmos. O problema é que esta última não é estável, pois ela evolui em função dos nossos encontros e reflexões. É porque nossa identidade "precisa constantemente ser confirmada e consolidada" que os objetos de consumo nos parecem indispensáveis[2].

49

---

2. DARPY, D. & VOLLE, P. *Comportements du consommateur* — Concepts et outils. Paris: Dunod, 2007, p. 3.

Vamos analisar as ferramentas utilizadas pelos publicitários para nos vender mais. Veja como eles dissecam a nossa personalidade:

Eu verdadeiro	Eu social	Eu ideal

É a sua carteira de identidade: sexo, profissão, idade...	Quem você pensa que é aos olhos dos outros.	Quem você gostaria de ser.

Defina o seu eu verdadeiro

Apresente-se de forma concreta e reflita sobre os objetos que constituem a sua coleção de apetrechos. As atividades profissionais ou os lazeres que praticamos nos permitem justificar uma parte do nosso entulho. Por exemplo, digamos que você seja pianista: você tem quatro pianos (todos diferentes, é claro!).

Eu sou...　　　　　　Objetos da minha coleção de apetrechos:
　　　　　　　　　　　-

　　　　　　　　　　　-

　　　　　　　　　　　-

　　　　　　　　　　　-

Defina o seu eu social

Este exercício é muito difícil e completamente inútil se você mentir. Olhe no fundo dos seus olhos e fique tranquil(a): todos nós somos imperfeitos!
- Eu acho que estou na moda porque compro muitas roupas.
- Eu passo a imagem de alguém moderno porque meus eletrodomésticos e aparelhos eletrônicos são de última geração.
- Eu quero que os outros admirem minha coleção de taças de judô e saibam que eu sou um(a) grande esportista.

Agora é sua vez:
-

-

-

-

Defina o seu eu ideal

Quem eu gostaria de ser?
Escreva em poucas linhas a pessoa que você gostaria de ser.
Descreva tanto suas qualidades físicas quanto psicológicas.

-

-

-

-

Agora, quais são os acessórios indispensáveis para você se aproximar do seu eu ideal? Pense nos acessórios que você utiliza tanto que eles parecem fazer parte de você e cuja função social você até esqueceu.

-

-

-

-

Divirta-se recortando as silhuetas do centro do caderno, vestindo-as e colocando acessórios nelas como você desejar. Desenhe, mesmo que seja de forma esquemática, o que falta para você atingir o seu eu ideal.

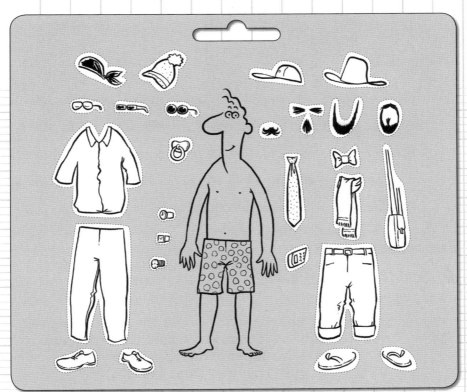
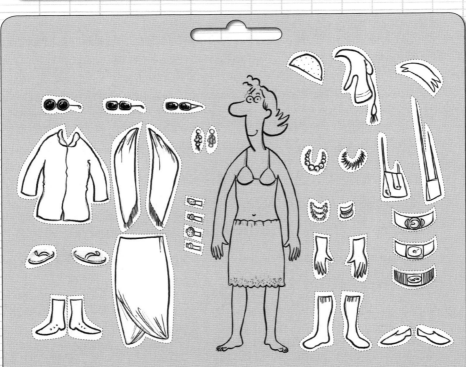

No final destes exercícios, você talvez perceba que a única vantagem de certos objetos é aproximá-lo(a) do seu eu ideal, sem, no entanto, serem úteis para o seu eu verdadeiro. O descompasso entre esses dois eus cria um sentimento de carência que é explorado pelas propagandas.

A sociedade de consumo

> Sociedade de consumo: tipo de sociedade em que o sistema econômico incita a consumir e suscita necessidades nos setores que lhe são rentáveis[3].

Veja a seguir a famosa pirâmide de Abraham Maslow, um pesquisador em ciências humanas que classificou hierarquicamente as nossas necessidades: uma necessidade superior só pode surgir se as necessidades inferiores estiverem satisfeitas. Por exemplo, a necessidade de pertencer a um grupo só aparece se as necessidades básicas funcionais e securitárias tiverem sido satisfeitas. Desde sua elaboração, ela é regularmente criticada, principalmente por não levar em conta necessidades recentes. Porém, ela continua sendo uma ferramenta interessante de se explorar.

---

[3]. Dictionnaire Historique de la langue française. Paris: Le Robert, 1998 [tradução livre].

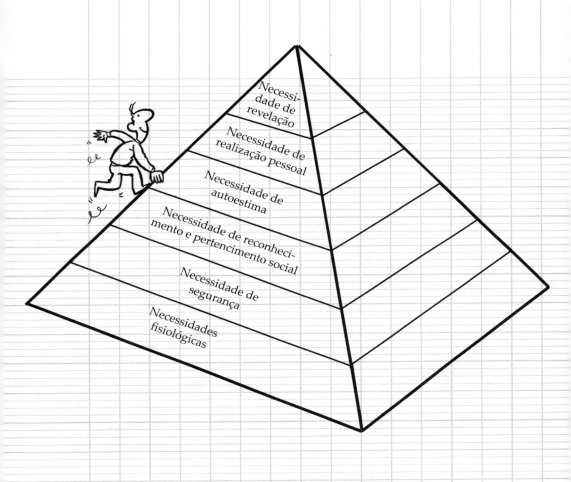

Os profissionais de publicidade e **marketing** a utilizam para criar produtos ou serviços que dão a ilusão de satisfazerem uma ou outra dessas necessidades. Muitas vezes, um produto vem atender a várias dessas necessidades ao mesmo tempo. É o caso de um iogurte de marca que consumimos para nos alimentarmos, mas também porque ele satisfaz mais a nossa necessidade de reconhecimento social do que um iogurte baratinho.

Cite alguns produtos alimentícios que você costuma comprar para satisfazer necessidades que não sejam exclusivamente alimentares e tente identificar tais necessidades:

Produtos alimentícios comprados	Necessidades

Como legitimar suas compras?

Cada um de nós tem seus próprios argumentos para legitimar a compra de objetos que vão entulhá-lo.

Talvez você considere que o seu único prazer consiste em consumir com o dinheiro que você ganha com o seu suor, talvez você realmente acredite nas mensagens das propagandas, que martelam que "você tem direito a isso" ou que "você merece aquilo". Talvez você tenha sofrido privações na sua juventude e tente compensá-las através do consumo. No entanto, na maioria dos casos, sabemos que esses argumentos são falaciosos, porque eles não resolvem o problema fundamental.

Cite as razões que legitimam as suas compras:
-
-
-
-
-

Da mesma maneira, frequentemente compramos para evitar encarar uma emoção dolorosa. Aliás, as propagandas se aproveitam extremamente das nossas emoções para criar impulsos de compra: a culpa que uma mãe sente porque trabalha muito é ilusoriamente compensada por uma compra que lhe promete uma boa relação com seus filhos.

Cite as emoções que lhe são mais angustiantes e que você compensa comprando:
-
-
-
-
-

Uma sociedade de abundância

Vivemos em uma sociedade de abundância na qual mesmo quem pensa ter pouco possui mais do que a maioria absoluta dos seres humanos de outros tempos e espaços. Muitos são os que têm uma casa, um carro e toneladas de objetos úteis e inúteis. Muitos gastam dinheiro. Muitos viajam. Muitos corrompem seus filhos com brinquedos e roupas. Muitos têm de tudo, mas querem sempre mais. Muitos têm o essencial, mas desejam o supérfluo.

Quantas vezes, aliás, ouvimos pessoas mais velhas nos dizerem: "Vocês, jovens, é que têm sorte. No meu tempo, eu tinha de lavar roupa à mão, ia aos lugares a pé, não tinha aspirador de pó, computador... A vida é muito fácil para vocês hoje!"

É mesmo?

Deveríamos pensar que temos tudo para ser felizes no âmbito material, mas não é o caso.

Faça uma lista de objetos de que você acha que precisa para ser ainda mais feliz ou que realmente seriam uma mão na roda para lhe trazer mais conforto. Anote sem ficar se censurando.

Se não tiver espaço suficiente aqui, pegue uma folha em branco e anote todos os seus desejos materiais.

Por exemplo:
- Uma casa maior.
- Uma câmera fotográfica.
- Um telefone celular mais moderno.
- Um sofá novo.

59

<u>Agora, releia a lista e envolva os objetos que você tem vontade de comprar porque viu em uma propaganda ou porque "todo mundo tem".</u>

-
-
-
-
-
-
-
-

Você talvez fique surpresa(a) com a quantidade de bens que o **marketing** incita você a comprar, apesar de às vezes você não ter nenhuma necessidade real e imediata deles.

Você poderia encontrar uma forma de prescindir deles ou utilizar algo que você já possua?

Na verdade, a corrida por dinheiro e objetos nos jogou em uma busca sem fim, na qual nunca conseguimos nos saciar, pois queremos sempre mais tecnologias, progressos, serviços, lazeres, escolhas...

A lista dos trinta dias

No livro **Simplifique sua vida**[4], Elaine Saint James apresenta um exercício para resistir às nossas compulsões consumistas. Ele consiste em não comprar nada além de produtos alimentícios durante um mês. Mas você pode definir outro prazo.

Durante esse período, você deve anotar escrupulosamente tudo o que compraria em tempos normais. No final do prazo estabelecido, se você ainda tiver algum desejo e considerar que o objeto em questão lhe seja necessário de verdade, você pode comprá-lo.

É muito provável que você nem lembre por que ficou com vontade daquilo!

Eu estou com muita vontade de comprar:
-
-
-
-
-
-

4. São Paulo: Mandarim, 1995.

Uma lista para o Papai Noel

Agora que você não se entulha mais, está na hora de explicar aos outros que você não deseja mais que eles (a) entulhem. As festas de aniversário muitas vezes são ocasiões de ganhar presentes feios, incômodos, mal escolhidos, inúteis e que – o cúmulo de tudo isso – foram oferecidos por conveniência, sem nem dar prazer a quem os ofereceu. Seus parentes e amigos ficariam tão contentes de lhe dar alguma coisa que realmente lhe agradasse... Use o espaço a seguir para pensar em presentes não materiais que encheriam você de alegria.

Querido Papai Noel,
Estou lhe mandando a minha lista de desejos deste ano.
Eu gostaria de ganhar:
- Um dia de tranquilidade (sem filhos, nem marido/mulher).
- Um jantar à luz de velas com meu namorado(a).
-
-
-
-
-
-

Regras de ouro

Veja a seguir um resumo dos pontos essenciais, um lembrete para refletir sobre as questões certas e manter uma atitude adequada face à sociedade do consumo.

1. Comece fazendo um balanço da sua vida: Com o que você costuma perder a sua energia?
2. Decida começar quando você estiver de bom humor.
3. Seja humilde: vá sempre do menor até o maior, do mais simples até o mais complicado.
4. Guarde o que (l)a) alimenta, o que você acha bonito. Jogue fora o que (l)a) faz sofrer, o que entulha a sua visão e a sua mente.
5. Defina o que é suficiente para você.
6. Analise os motivos pelos quais você costuma comprar.
7. Construa barreiras para não voltar a se entulhar.
8. Aceite que é preciso tempo.
9. Saiba recusar o entulho dos outros.
10. Não tenha medo: o essencial nunca lhe fará falta!

Coleção Praticando o Bem-estar
Selecione sua próxima leitura

- ☐ Caderno de exercícios para aprender a ser feliz
- ☐ Caderno de exercícios para saber desapegar-se
- ☐ Caderno de exercícios para aumentar a autoestima
- ☐ Caderno de exercícios para superar as crises
- ☐ Caderno de exercícios para descobrir os seus talentos ocultos
- ☐ Caderno de exercícios de meditação no cotidiano
- ☐ Caderno de exercícios para ficar zen em um mundo agitado
- ☐ Caderno de exercícios de inteligência emocional
- ☐ Caderno de exercícios para cuidar de si mesmo
- ☐ Caderno de exercícios para cultivar a alegria de viver no cotidiano
- ☐ Caderno de exercícios e dicas para fazer amigos e ampliar suas relações
- ☐ Caderno de exercícios para desacelerar quando tudo vai rápido demais
- ☐ Caderno de exercícios para aprender a amar-se, amar e – por que não? – ser amad(a)
- ☐ Caderno de exercícios para ousar realizar seus sonhos
- ☐ Caderno de exercícios para saber maravilhar-se
- ☐ Caderno de exercícios para ver tudo cor-de-rosa
- ☐ Caderno de exercícios para se afirmar e – enfim – ousar dizer não
- ☐ Caderno de exercícios para viver sua raiva de forma positiva
- ☐ Caderno de exercícios para se desvencilhar de tudo o que é inútil
- ☐ Caderno de exercícios de simplicidade feliz
- ☐ Caderno de exercícios para viver livre e parar de se culpar
- ☐ Caderno de exercícios dos fabulosos poderes da generosidade
- ☐ Caderno de exercícios para aceitar seu próprio corpo
- ☐ Caderno de exercícios de gratidão
- ☐ Caderno de exercícios para evoluir graças às pessoas difíceis
- ☐ Caderno de exercícios de atenção plena
- ☐ Caderno de exercícios para fazer casais felizes
- ☐ Caderno de exercícios para aliviar as feridas do coração
- ☐ Caderno de exercícios de comunicação não verbal
- ☐ Caderno de exercícios para se organizar melhor e viver sem estresse
- ☐ Caderno de exercícios de eficácia pessoal
- ☐ Caderno de exercícios para ousar mudar a sua vida
- ☐ Caderno de exercícios para praticar a lei da atração
- ☐ Caderno de exercícios para gestão de conflitos
- ☐ Caderno de exercícios do perdão segundo o Ho'oponopono
- ☐ Caderno de exercícios para atrair felicidade e sucesso
- ☐ Caderno de exercícios de Psicologia Positiva
- ☐ Caderno de exercícios de Comunicação Não Violenta
- ☐ Caderno de exercícios para se libertar de seus medos
- ☐ Caderno de exercícios de gentileza
- ☐ Caderno de exercícios de Comunicação Não Violenta com as crianças
- ☐ Caderno de exercícios de espiritualidade simples como uma xícara de chá
- ☐ Caderno de exercícios para praticar o ho'oponopono
- ☐ Caderno de exercícios para convencer facilmente em qualquer situação
- ☐ Caderno de exercícios de arteterapia
- ☐ Caderno de exercícios para se libertar das relações tóxicas
- ☐ Caderno de exercícios para se proteger do Burnout graças à Comunicação Não Violenta
- ☐ Caderno de exercícios de escuta profunda de si
- ☐ Caderno de exercícios para desenvolver uma mentalidade de ganhador
- ☐ Caderno de exercícios para ser sexy, zen e feliz
- ☐ Caderno de exercícios para identificar as feridas do coração
- ☐ Caderno de exercícios de hipnose